NAPOLÉON III

L'Administration Municipale, la Réédification des Peuples, le Progrès et la Science.

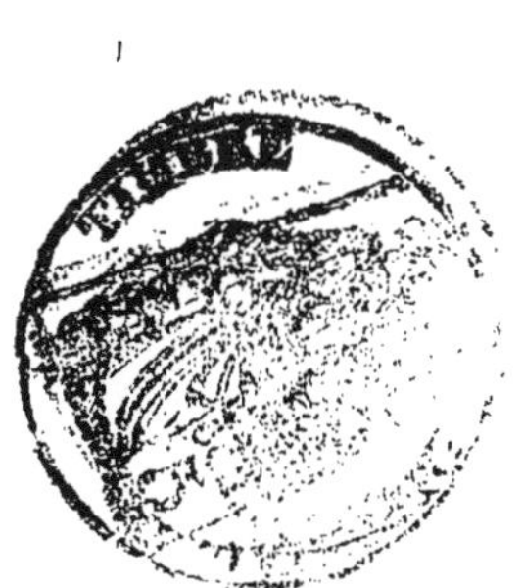

NAPOLÉON III

EMPEREUR DES FRANÇAIS

L'ADMINISTRATION MUNICIPALE
LA RÉÉDIFICATION DES PEUPLES, LE PROGRÈS
ET LA SCIENCE

PAR

GUILLAUME SOUCHET

Vétérinaire et Conseiller municipal

NIMES

IMPRIMERIE ROGER ET LAPORTE

Place Saint-Paul, 5

—

1864

A NAPOLÉON III

Prince, voilà la couronne de la réédification des peuples. Dieu te la donne ; gare à qui y touche !.....

DISCOURS

PRONONCÉ

Dans la Mairie de Clarensac, le 3 avril 1864, à l'occasion de l'installation de quatre Membres du Conseil municipal.

MONSIEUR LE MAIRE,

MONSIEUR L'ADJOINT,

MESSIEURS LES CONSEILLIERS,

Appelés par le suffrage de nos Concitoyens à représenter leurs intérêts dans cette enceinte, nous venons d'être admis solennellement aujourd'hui, mes collègues et moi, dans les rangs des Conseillers de la commune de Clarensac.

A cette époque glorieuse où la France voit prospérer l'Agriculture, l'Industrie et le Commerce, sous l'impulsion d'un souverain jaloux de connaître les intérêts de ses provinces, des cantons même les plus obscurs de son florissant empire, aurai-je besoin, messieurs, de retracer ici le programme adopté par les quatre élus de février 1864?

Non, messieurs, car notre tâche c'est la vôtre : c'est celle que vous remplissez avec zèle depuis bientôt quatre années et qui vous a été si bien préparée par de dignes prédécesseurs. Non, car l'Empereur et avec lui le premier magistrat du département, pleins de sollicitude pour une population intelligente qui a exprimé sans contrainte, dans les dernières élections législatives et municipales, un vœu qui laissera des souvenirs dans les fastes historiques de la commune, l'Empereur et le Préfet, disons-nous, sauront reconnaître et seconder notre dévouement et, au besoin, suppléer à nos efforts s'ils devenaient impuissants ou incertains dans la ligne de conduite que nous suivrons désormais.

Cependant, messieurs, il nous serait pénible

de nous retirer sans vous donner un aperçu des principales questions qui vous seront soumises et qui nous ont été présentées par les Electeurs dont notre mandat administratif relève.

1° Percement, alignement, agrandissement de rues ; remaniement de pavés ;

2° Rectification et création de places publiques ;

3° Etablissement de fontaines ;

4° Solution définitive à la question des eaux de Clarensac ;

5° Restauration des boulevards ;

6° Contribution des terrains usurpés aux ressources communales ;

7° Entretien des voies de communication qui desservent notre commune ;

8° Modification du service des postes ;

9° Réalisation du tracé projeté en 1861, du chemin de fer du Vigan à la ligne de Lyon à la Méditerranée, par La Vaunage ;

10° Enfin, érection de Calvisson en chef-lieu de canton au sein de la luxuriante Vaunage.

Telles seront successivement nos préoccupations de tous les jours et nos études au milieu de cette Assemblée.

Puis quand notre tâche sera terminée, que le plan que nous avons conçu sera exécuté ou aura reçu la sanction de l'autorité, nous renoncerons volontiers à nos services administratifs que nous confierons à des successeurs plus jeunes et plus actifs, pour aller vivre nous-mêmes dans une humble retraite où nous serons sûrs de trouver ces paisibles loisirs que la conscience procure à tout homme qui a servi son pays en citoyen honnête et désintéressé.

C'est là, messieurs, notre conviction intime et le programme que nous vous présentons au nom de la population dont nous personnifions la volonté.

Monsieur le Maire, monsieur l'Adjoint,

Nous espérons que notre rapprochement sera un échange continuel de relations dans l'intérêt de la tâche commune que nous accomplirons.

Messieurs les Conseillers,

Nous croyons que votre voix se joindra toujours à la nôtre dans l'œuvre laborieuse qui nous a été dévolue par une manifestation de la volonté populaire.

Vive l'Empereur!
Vive le Préfet!
Vivent le Maire et l'Adjoint!
Vivent les Conseillers!

LETTRE SUR L'ATTENTAT

Sire ,

En apprenant l'attentat du 14 janvier, commis sur votre personne et sur celle de votre auguste et bien-aimée compagne, j'en ai frémi d'indignation ; j'ai immédiatement remercié la divine providence de nous avoir préservé d'un deuil aussi profond, pour le bien-être des honnêtes Français et le repos de l'Europe.

Si le jour de danger arrivait, je voudrais pouvoir, Sire, vous donner des preuves plus éclatantes de mon dévouement et de ma haute satisfaction, et pour cela je vous offre mes services.

Quel que soit le secret de la Providence, je resterai toujours fidèle à ma ligne d'honneur et de nationalité inflexible sur les principes et les devoirs qui me seraient imposés, et toujours prêt à sacrifier ma vie et ma fortune pour sauvegarder à tous prix les lois de l'Empire.

Je jure fidélité à Napoléon III, Empereur des Français, à Sa Majesté l'Impératrice, au Prince Impérial, et prie Dieu qu'il les ait en sa sainte garde.

MA VIE ET MON AVENIR

O toi ! luxuriante Vaunage ,

Au sein de laquelle je suis né ,

Voici ma vie et mon héritage ;

Du peuple qui t'habite j'ai resté ignoré.

Pendant plus de quarante ans endormi de ma vie

Je me suis éveillé pour prédire à l'envie

Qu'un prince parut à l'horizon ;

Un cri se fit entendre : ce fut Napoléon !

Je m'écriai, avec enthousiasme :

Chut ! c'est l'Empire !

C'est la paix !

Le respect !

Tremblez, tyrans, à son aspect.

2

Je veux qu'après ma mort on mette sur ma tombe :

Ici repose dans cette catacombe,

Où tous les Vaunageols liront, en faisant la ronde,

Un illustre écrivain qui étonna le monde !

NAPOLÉON III

Empereur des Français,

La Science et le Progrès, l'Administration municipale
et la Réédification des Peuples.

> Le Souverain a besoin de recevoir
> des lumières du peuple.
> (BERNARDIN DE SAINT-PIERRE).

INTRODUCTION.

Quand la paix et l'harmonie, basées sur les principes les plus élémentaires de la vertu, règnent au sein d'une nombreuse famille, à qui doit-elle les avantages de son organisation et de son mouvement?

N'est-ce pas au moteur principal de cette organisation, à ce chef de la famille, qui, par ses conseils ou même ses ordres quelquefois, est parvenu à régler la conduite et les actions des jeunes sujets qui dépendent de lui, et dont l'humanité aura un jour à se réjouir de leurs vertus?...

Il en est de même de la patrie, cette grande et noble famille dont nous suçons tous le lait et la douceur. Le progrès vers lequel tend chaque jour la civilisation naissante a son essence dans le gouvernement intelligent et sage de Napoléon III, ce prince qu'on ne saurait trop bénir et appeler avec juste raison *le père des peuples opprimés et malheureux*.

Au milieu des aspirations diverses des peuples de l'Europe, la France, cette nation devant laquelle toutes les autres nations s'inclinent et sont heureuses d'avoir des rapports avec son digne Souverain, la France, dis-je, est calme, prospère et heureuse et goûte ainsi dans les douceurs de la paix, le repos le plus honorable dont un pays ait à se réjouir.

Ainsi, tandis que le despotisme s'exerce

autour d'elle avec véhémence au détriment dés droits les plus sacrés, elle est calme, elle est heureuse.

Là, le peuple souffre, se plaint, le peuple finit par secouer son joug, acquérir sa liberté, qui dégénère en licence, en renversant un ordre de choses établi depuis des siècles et qu'il appartient au souverain de rendre stable, tout en accédant aux vœux de la nation.

Si , dans notre pays, nous n'avons pas à regretter un de ces cataclysmes qui, comme une avalanche, renversent tout sur leur passage, à qui le devons-nous?... A la sagesse de l'illustre héritier de Napoléon Ier.

Et si, après ces aveux d'un écrivain illustre, des personnages d'une époque qui n'est plus viennent m'en témoigner de l'étonnement , je leur dirai :

Pour peu qu'un homme soit sensible et vertueux , il réfléchit autant qu'il lui est possible sur les actions qu'il doit accomplir pour s'attirer l'honneur d'une illustre amitié.

C'est pourquoi j'ose aujourd'hui , malgré le silence des écrivains, avouer mes opinions sur la politique du Souverain , dont la vie était ainsi restée dans l'indifférence des savants qui n'ont pas eu le courage de surmonter les obstacles et les difficultés que j'ai moi-même vaincues en les contemplant.

NAPOLÉON III

ou

LA SCIENCE ET LE PROGRÈS.

————

Comme un homme qui n'a jamais appartenu à aucun parti politique, si ce n'est à celui de la paix, de l'ordre, de la justice, c'est-à-dire du gouvernement actuel, depuis le 22 septembre 1814, jour de ma naissance, je n'ai jamais eu la pensée d'embrasser aucune cause politique ; je me suis dit à moi-même, dans mes plus profondes réflexions, la France est grande de nom et de fait, pour la contenir il lui faut un gouvernement fort, robuste, puissant. Né sous l'Empire, j'ai gardé le silence sous la restauration, sous le gouvernement de juillet que j'ai toujours appelé le gouvernement de la réaction, de la résistance et de la corruption : un ministre donnait des ordres à un préfet, le préfet aux maires. Hélas ! ils n'étaient pas toujours sûrs d'être obéis ! Je n'ai non plus adopté ce gouvernement ; j'en ai seulement salué le drapeau. D'après l'histoire de Napoléon Ier, que j'aie lue et méditée, je n'ai jamais cru qu'aucun autre gouvernement ne fût possible en France que l'Empire fondé sur les principes constitutionnels du premier empire, à la tête duquel se trouve un des successeurs du même nom !

La restauration de 1815, rétablie par le fer des baïonnettes étrangères, tomba, sous le règne de Charles X, sous le fer meurtrier de l'insurrection opprimée. La royauté de 1830, née dans l'émeute, continua par l'émeute, et tomba par un souffle de l'émeute....

Enfin, le prince Louis-Napoléon parut à l'horizon apportant dans ses mains augustes la clé des révolutions. Je me suis dit alors : quel moyen à prendre? quel devoir à remplir? Mon pays avant tout ! telle fut ma devise....

Mon esprit pleinement rassuré sur l'avenir *ergone mori miserum est*, me suis-je dit, mourir est-il un si grand mal : la vie n'a d'autre prix que celui que chacun veut bien y attacher...

Après avoir consulté ma raison et ma conscience, le sort en fut jeté, et j'embrassai le parti de Napoléon, non par ambition, mais par nécessité pour l'amour du bien, de mon pays et la gloire de la France. Depuis lors, j'ai donné constamment mes suffrages à Napoléon et à son gouvernement, et je n'ai jamais cessé de le soutenir par mes paroles et par mes actes.

Le 2 décembre 1852, à cette mémorable journée où la volonté nationale, guidée par la main de la Providence, éleva le trône de Napoléon III, non sur le sable mouvant, mais sur un rocher de granit inaccessible ; car , ai-je dit : tout trône né par le fer, tombera par le fer ; né par l'émeute, tombera par l'émeute ; celui de Napoléon III, né par la grâce de Dieu et la volonté nationale sera éternel.

C'est en Napoléon III que j'ai mis ma confiance, parce qu'il m'en a donné la preuve. C'est en lui que sont les destinées de la France, parce qu'il a su se rendre digne du dépôt que la Providence et le peuple Français lui avons confié; le bien-être moral et matériel du peuple, parce qu'il veille nuit et jour à sa sécurité, et il fait des efforts incessants pour lui faire respecter ses droits à l'extérieur et lui procurer le bien-être à l'intérieur.

Mais on dit : l'Empereur proclame que l'empire c'est la paix, et cependant il fait la guerre à outrance. Il a porté la guerre en Crimée; oui, parce que là, nous avions nos intérêts à sauvegarder, une porte à ne pas laisser fermer et un point d'honneur à faire respecter. En Italie, en Chine, Cochinchine, au Mexique, parce que là aussi notre commerce souffrait, et puis tous les peuples de ces contrées nous y appelaient à grands cris; donc tout cela a eu lieu et tout dans notre propre intérêt, si non, pour la liberté de tous les peuples.

Napoléon III veut la science et le progrès, parce qu'il veut qu'un jour son peuple bien-

aimé se gouverne de lui-même ; mais pour cela
il faut lui aider, marcher ensemble, se secourir
mutuellement les uns les autres, et bannir à
jamais au milieu de nous, la haine, l'intrigue
et le crime.

Réunissons-nous donc sous le drapeau qui a
déjà flotté sur la tête de tous les peuples de
l'univers, et dont l'aigle qui le surmonte a fait
trembler par ses cris la population de la terre
tout entière.

« Apportez-moi mon aigle glorieux, que je
l'embrasse, a dit Napoléon Ier. Ah ! chère aigle,
puissent les baisers que je te donne retentir dans
la postérité. » Ces paroles, prononcées avec
enthousiasme, ont été entendues de toute l'armée, et inspirées par la Providence, ont produit
leur effet, et Napoléon III en a été institué le
protecteur.

Doué de toutes les qualités de l'âme, d'un
talent rare, d'un jugement exquis, l'Empereur
se montre à la France, à l'Europe, à l'univers
le libérateur de tous les peuples opprimés ; et
le jour viendra où Napoléon III méritera le
surnom de *père de l'univers*. Ne doutons pas

que Napoléon III se souviendra toujours de son origine, il conservera ce caractère propre qui le distingue, et il prendra vis-à-vis de l'Europe la position d'un parvenu, titre glorieux, lorsqu'on parvient par le libre suffrage d'un grand peuple, l'élu de la plus grande et la plus belle nation du monde.

L'Empereur n'a jamais cédé, et il ne cèdera jamais à son penchant qu'après avoir consulté sa raison et sa conviction. Il se montre loyal dans les transactions ; ses actes du passé sont un gage de sécurité pour l'avenir ; la prospérité de l'agriculture, de l'industrie, du commerce, des routes de toute espèce, les chemins de fer partant de tous les points de la France, sont une preuve éclatante de son dévouement pour le peuple Français, que son oncle, Napoléon-le-Grand a tant aimé.

L'Empereur fait des efforts incessants pour arriver à la plus haute destinée que la Providence lui ait assignée. Ses ministres se montrent à la France et à l'étranger pleins de dévouement à la cause napoléonienne. Les préfets savent s'acquérir, par leur zèle et leur assiduité, la confiance de leurs chefs de service et la sympathie de toutes les populations de leur département.

L'armée est toujours prête à agir au premier signal de l'Empereur; montrons-nous donc à la France, à l'Europe, à l'univers entier les dignes défenseurs de notre Souverain, et les vrais civilisateurs du monde; et alors la nation française méritera le titre de nation de braves.

Nos premiers devoirs sont envers Dieu, nos seconds envers l'Empereur Napoléon III; nous devons tout à l'Empereur, parce qu'il se sacrifie pour nous; nous avons besoin de lui, il n'a pas besoin de nous; oui, je le dis sans arrière pensée, sans lui, nous sommes perdus.

Je demande donc aux anciens, s'ils ont entendu dire par nos ancêtres, aux savants, s'ils ont vu dans l'histoire un gouvernement plus noble, plus fort, plus robuste et plus puissant que celui de Napoléon III, et un souverain qui ait tenu une politique plus droite, plus franche que le Souverain actuel de notre beau pays de France; qui dit plus, qui dit moins, sort de la vérité!....

Je viens donc, messieurs, dire à la France, à l'Europe et à l'univers entier :

Le nom de Napoléon fera époque ; il n'aura pas de fin, il n'aura pas de bornes ; dans tous les coins du monde, on verra ses autels. Son nom sera gravé en caractères d'or dans l'histoire des peuples ; les Français jouiront d'un bien-être sans revers. Tous les peuples de l'univers béniront sa mémoire et l'armée française s'écriera toujours avec enthousiasme : Avec un chef tel que Napoléon, nous battrons l'univers !...

Quand est-ce que j'aurai le bonheur de voir Napoléon III monter jusqu'au dernier degré de son trône, lever son bras au Ciel et de sa main glorieuse, répandre sur nous sa bénédiction.

Et cette bénédiction je vous la promets ; mais il faut vous en montrer digne, nous répondrait-il.

Seigneur, dirigez-moi dans l'étroit sentier de la vérité ; ma plume chancelante cédant à la nécessité, va parler de choses fort obscures dans un avenir imprévu par les uns, et prévu par les autres.

Indiquer à priori l'avenir d'un grand peuple

et de la dynastie impériale, pour moi, c'est chose fort facile. Et comment s'en étonner? Quand la voix de Dieu se fait entendre dans le lointain et qu'un grand peuple prononce ses destinées qui reposent sur un hardi rocher, on n'a plus besoin de penser, de rêver, de méditer comme le font encore quelques débris de vieux partis déchus. Je me crois autorisé à leur dire: Le temps passé n'est plus; le bavardage est fini; désormais il ne vous sera pas permis de souiller le sol de la patrie. (France).

Vierge de tout parti politique, et du sang innocent versé au détriment des peuples, il semble ne revenir qu'à moi seul de prendre l'initiative d'un pronostic certain, sur l'issu favorable du règne prématuré de la dynastie impériale.

L'Empereur gouverne et il gouvernera. Après lui, ce sera le Prince Impérial; après le Prince Impérial, ce sera son petit-fils, et ainsi de suite, de successeurs en successeurs jusqu'à la fin du monde, si la fin du monde doit se réaliser.

Dieu a fait le ciel et la terre, les mers et tous leurs accessoires. Tout ce que la main de Dieu a fait, l'homme ne peut détruire.

Dans cinquante ans d'ici, l'histoire vous dira, qu'à l'âge de quarante et quelques années, un Vaunageol qui a passé sa jeunesse à sculpter les débris de la nature, a appris à son pays (la France sa patrie), qu'il y avait en lui un homme de cœur, de conscience, doué d'un talent rare, d'un jugement exquis, bonapartiste pur sang, enfin, un écrivain illustre.

Nous devons tous déposer à ses pieds notre reconnaissance, et être dans toutes les circonstances, ses sujets fidèles et respectueux.

Enfin, nous devons tous déposer à ses pieds, la couronne de laurier cueillie par la grande armée de Napoléon Ier.

Elevé à l'école de l'adversité, il semble n'avoir vécu que pour le bonheur des peuples.

Il mérite à bon droit notre reconnaissance, et celle des siècles à venir.....

LA DÉCENTRALISATION

ADMINISTRATIVE

Jusqu'à présent, l'Empereur est intervenu dans les affaires des communes par l'intermédiaire des préfets; le service, réglé de cette manière est très-lent et demande nécessairement une modification imposée par les circonstances, les événements politiques, et surtout l'avenir qui est là et qui nous tend les bras en s'écriant : Le règne de Napoléon est un règne de gloire, et toutes les barrières imposées par l'ignorance doivent s'abaisser devant les lumières de l'illustre capitaine, héritier du grand homme qui se disait et qui était en effet le chef de la grande armée européenne.

Ce service par le secours des préfets est certainement louable, et tout le monde doit ainsi l'apprécier; mais, malheureusement, ces honorables administrateurs ne voient pas ce qui se passe dans les plus petites localités, dans les communes rurales ; des rapports sur les diverses questions d'économie sociale, leur sont présentés par des hommes qui ne jouissent pas de leur indépendance administrative, par des maires qui, le plus souvent, redoutent de préciser la vérité dans tous ses points, dans toute son étendue. Bien des fois même, certaines questions qui éclaireraient l'administration départementale, ne sont ni dévéloppées par les maires, ni pré-

sentées par leurs conseils parce que le corps
tout entier craint de s'aliéner, l'administration
supérieure gémit de voir s'accroître autour de
lui une influence regrettable : celle de toute
la population dénuée d'intelligence, que le
règne de Napoléon, qui fera époque dans
notre histoire, est appelé à éclairer entière-
ment.

Ah! messieurs les maires des communes qui,
sans être appréciés de Sa Majesté Napoléon III,
êtes soutenus et favorisés par des personnages
distingués dont la commune n'approuve pas toujours les actions. Craignez, car bientôt, oui
bientôt, le moment n'est pas loin, vous ne serez
plus dans les faveurs d'un gouvernement qui
recherche avant tout, le talent, la moralité,
l'intelligence, l'ordre et la popularité. Oui messieurs, craignez devant le décret qui va pro-
chainement intervenir, lorsque les opinions
d'un grand homme qui vous est inconnu, vous
seront devenues famillières ; craignez, dis je,
car l'heure de votre fin va bientôt sonner

sous le règne de l'illustre Souverain qui prend pour mobile dans ses actions la patrie, le droit, la raison, la vérité.

Ah ! Sire, ne dédaignez pas les conseils d'un de vos plus illustres, plus savants et plus fidèles sujets.

Les maires des communes vous seront plus dévoués, Sire ; les maires des communes rendront leurs administrés plus heureux et plus satisfaits ; les maires des communes agiront avec plus d'aménité, de vertu, de qualités de cœur ; les maires des communes seront plus considérés ; les maires des communes surtout représenteront mieux l'intérêt des populations, la politique de leurs administrés et, partant celle de l'Empereur, lorsqu'ils seront choisis parmi les conseillers élus et qu'un pouvoir suprême et impératif pèsera sur eux et s'étendra sur toutes leurs actions ; oui, Sire, croyez-en un de votre noble famille ; vous serez heureux si les maires sont choisis dans le Conseil municipal avec réserve de les frapper, de les ramener

au devoir, de les interdire ou les révoquer lorsqu'ils s'éloigneront de la raison, de la vérité et
de la justice.

UN DE MES VŒUX LES PLUS CHERS

———————

La Vaunage est devenue le centre d'un mouvement et d'un commerce des plus remarquables peut-être de notre bienheureuse patrie.

Ici, ce sont les vins qui enrichissent les agriculteurs, les propriétaires ; et, par l'intermédiaire de courtiers intelligents , les nombreux négociants étrangers qui viennent ainsi satisfaire leurs besoins commerciaux à de sources certaines et renommées ; là, ce sont les vins fins de Langlade recherchés par les gourmets les plus délicats et qui ont l'honneur même de figurer sur la table des princes et des souverains ; partout des distilleries sont établies et livrent au commerce leurs excellents produits, leurs eaux-de-vie renommées qui sont importées au loin jusque dans les coins les plus reculés de l'Europe et dont la préparation occupe un grand nombre d'ouvriers.

La Vaunage, comme on le voit, est fertile en produits industriels, commerciaux et agricoles ; elle est entourée d'une ceinture de collines qui en font un canton naturel dominé par la gracieuse ville de Calvisson qui en est le point topographique le plus important et le plus central par ses relations commerciales.

A tous ces avantages dont jouissent les Vaunageols, il faudrait ajouter :

1° L'érection de Calvisson en chef-lieu de canton ;

2° L'embranchement du chemin de fer projeté, dominant cette plaine luxuriante.

Ces nouveaux avantages je les promets à mes compatriotes, car ils me seconderont dans mes aspirations les plus ferventes en faveur du trône de Napoléon !!!...

ACCUEIL QUE MA BROCHURE TROUVERA

AUPRÈS D'UN MONDE SAVANT

Sire ,

Les savants, les philosophes, les législa-
teurs , les historiens , trouveront chacun dans
mes œuvres, dont je publie seulement une par-
tie aujourd'hui, des éléments nouveaux , pré-
cieux et abondants à leurs prochains ouvrages ;
les moralistes y trouveront de saines doctrines

qu'ils chercheront à répandre auprès de leurs disciples; les sages y verront de grands exemples sur lesquels ils baseront toutes leurs actions; et tous, oui, tous, bienheureux Souverain, voudront posséder dans leurs bibliothèques, auprès des auteurs les plus estimés de l'antiquité grecque et romaine, mon livre extraordinaire conçu sous une forme nouvelle qui n'a pas encore eu sa précédente.

Cet accueil, auprès du monde savant, Sire, m'honorera et m'attachera encore davantage à l'illustre famille qui veille avec tant d'ardeur et tant de zèle aux grands intérêts de la France, notre patrie. Oui, Sire, j'en suis d'avance convaincu : c'est votre gloire, ce sera aussi la mienne !

MES INTENTIONS

EN PUBLIANT LA BROCHURE DE NAPOLÉON III

L'intérêt, l'attachement, le dévouement que je porte, que j'ai porté et que je porterai toujours dans l'avenir, à la dynastie de Napoléon, m'ont seuls guidé dans le travail que je soumets aujourd'hui à l'appréciation du public intelligent. Cette œuvre, qui n'a pas encore eu son égale en conceptions aussi remarquables, je la dédie à Son Altesse le Prince Impérial comme un témoignage d'illustre amitié vouée à sa famille, qui, de tout temps, a eu non-seulement mes suffrages les plus intimes mais encore ceux des amis qui m'ont été le plus attachés et qui, par leurs relations avec moi, ont entretenu ce feu sacré de leur âme qui entraîne leur sentiment vers le Souverain juste et pieux qui nous gouverne.

Ainsi, comme on le voit, ce sont mes seuls sentiments d'amitié purs et sincères pour le Souverain régnant qui m'ont poussé à dévoiler ses bienfaits, ses actions d'éclats, ses louables institutions ; oui, et je désire même que tout le monde s'écrie avec moi : Le nom de Napoléon sera dans toutes les bouches, et un seul cri sortant de la poitrine du peuple et de l'armée, le proclamera de la cîme des Alpes au haut des Pyrénées !!!

(A continuer).

Nîmes, imp. Roger et Laporte, place Saint-Paul, 5.